Impressum
Verlag: BABADADA GmbH, Nedderfeld 112 , 22529 Hamburg
Geschäftsführer / Verlagsleitung: Harald Hof
Druck: Books on Demand GmbH, In de Tarpen 42, 22848 Norderstedt

Imprint
Publisher: BABADADA GmbH, Nedderfeld 112 , 22529 Hamburg, Germany
Managing Director / Publishing direction: Harald Hof
Print: Books on Demand GmbH, In de Tarpen 42, 22848 Norderstedt, Germany

klasa
klasseværelse

pjesëtim
dividere

186/2

tabela
tavle

oborr shkolle
skolegård

mësues
lærer

letër
papir

shkruaj
skrive

stilolaps
pen

tavolinë
skrivebord

vizore
lineal

libri
bog

nxënës
elev

çantë
skoletaske

mbajtëse lapsash
penalhus

laps
blyant

mprehës lapsash
blyantspidser

gomë
viskelæder

fletore vizatimi
tegneblok

pjesëtim
dividere

186/2

klasa
klasseværelse

tabela
tavle

oborr shkolle
skolegård

mësues
lærer

letër
papir

shkruaj
skrive

stilolaps
pen

tavolinë
skrivebord

vizore
lineal

libri
bog

nxënës
elev

çantë
skoletaske

mbajtëse lapsash
penalhus

laps
blyant

mprehës lapsash
blyantspidser

gomë
viskelæder

fletore vizatimi
tegneblok

vizatim

tegning

penel

pensel

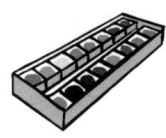

kuti bojërash

æske med vandfarver

gërshërë

saks

ngjitës

lim

fletore detyrash

opgavehefte

detyrë shtëpie

lektie

12

numër

tal

2+2

mbledh

addere

5-2

zbres

subtrahere

2×2

shumëzoj

multiplicere

llogaris

regne

A

gërmë

bogstav

ABCDEFG
HIJKLMN
OPQRSTU
VWXYZ

alfabeti

alfabet

fjalë

ord

tekst

tekst

lexoj

læse

shkumës

kridt

mësim

time

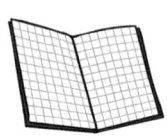

regjistër

klasseprotokol

provim

eksamen

çertifikatë

karakterbog

uniformë shkolle

skoleuniform

arsimim

uddannelse

enciklopedia

leksikon

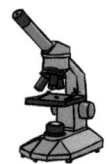

universitet

universitet

mikroskop

mikroskop

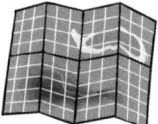

hartë

kort

kosh letrash

papirkurv

udhëtim

rejse

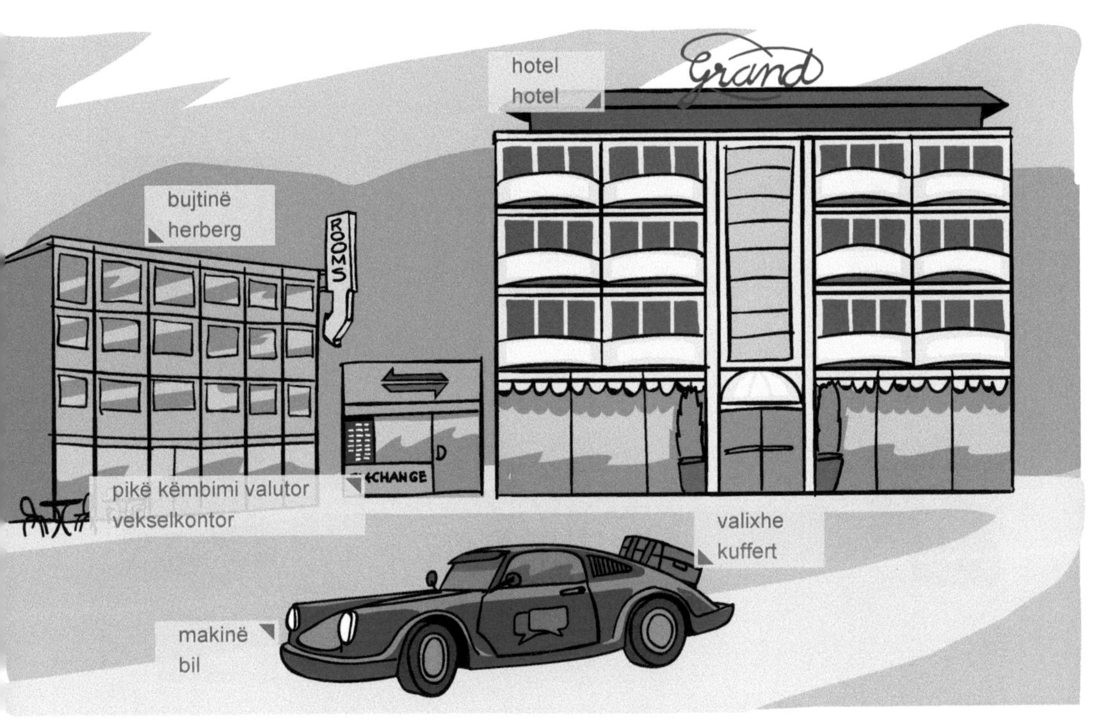

hotel
hotel
Grand
bujtinë
herberg
ROOMS
EXCHANGE
pikë këmbimi valutor
vekselkontor
valixhe
kuffert
makinë
bil

gjuhë

sprog

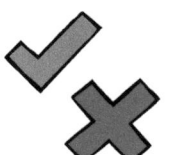

po / jo

ja / nej

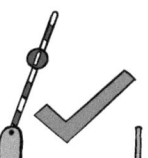

Në rregull

okay

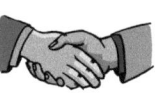

ç'kemi

hej

përkthyes

oversætter

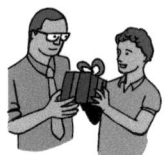

Faleminderit

tak

sa kushton...?

hvad koster...?

nuk e kuptoj

Jeg forstår ikke

problem

problem

Mirëmbrëma!

God aften!

Mirëmëngjes!

God morgen!

Natën e mirë!

God nat!

mirupafshim

farvel

drejtim

retning

bagazhet

bagage

çantë

taske

çantë shpine

rygsæk

mysafir

gæst

dhomë

værelse

thes gjumi

sovepose

tendë

telt

udhëtim - rejse

informacion për turistët

turistinformation

plazh

strand

kartë krediti

kreditkort

mëngjes

morgenmad

drekë

middagsmad

darkë

aftensmad

Biletë

billet

ashensor

elevator

pulla

frimærke

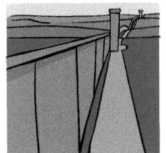

kufi

grænse

doganë

told

ambasadë

ambassade

vizë

visum

pasaportë

pas

transport
transport

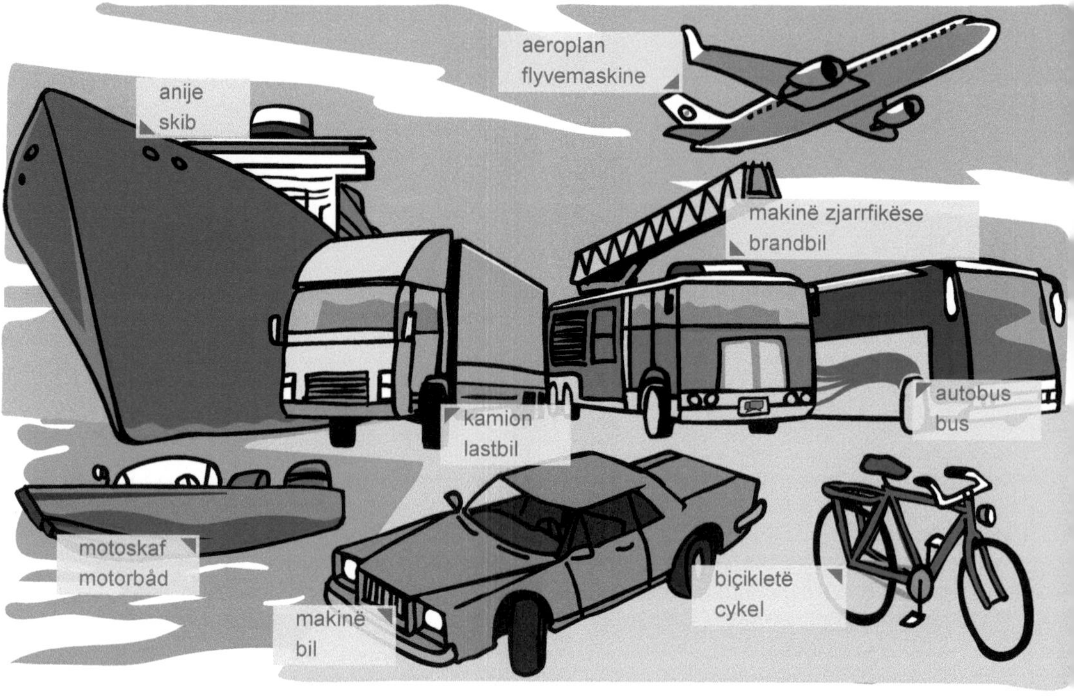
aeroplan
flyvemaskine
anije
skib
makinë zjarrfikëse
brandbil
autobus
bus
kamion
lastbil
motoskaf
motorbåd
biçikletë
cykel
makinë
bil

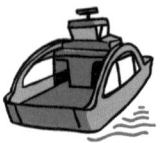

traget
færge

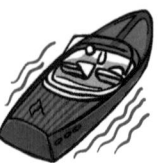

varkë
båd

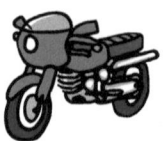

motoçikletë
motorcykel

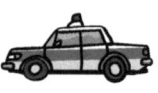

makinë policie
politibil

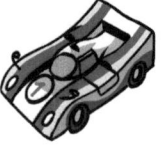

makinë garash
racerbil

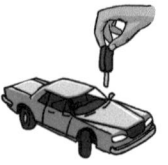

makinë me qira
lejebil

ndarje e qirasë së makinës

samkørsel

karroatrec

kranbil

makinë plehrash

skraldebil

motor

motor

benzinë

benzin

pikë karburanti

tankstation

sinjalistikë trafiku

trafikskilt

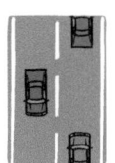

trafik

trafik

bllokim trafiku

trafikprop

parkim makinash

parkeringsplads

stacion treni

banegård

trase

skinner

tren

tog

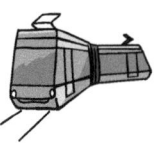

tramvaj

sporvogn

karro

wagon

helikopter
helikopter

aeroport
lufthavn

kullë
tårn

pasagjer
passager

kontenier
container

kuti kartoni
karton

qerre
kærre

shportë
kurv

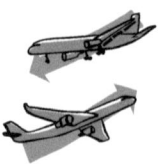

ngrihem / ulem
starte / lande

qytet
by

fshat
landsby

qendra e qytetit
bymidte

shtëpi
hus

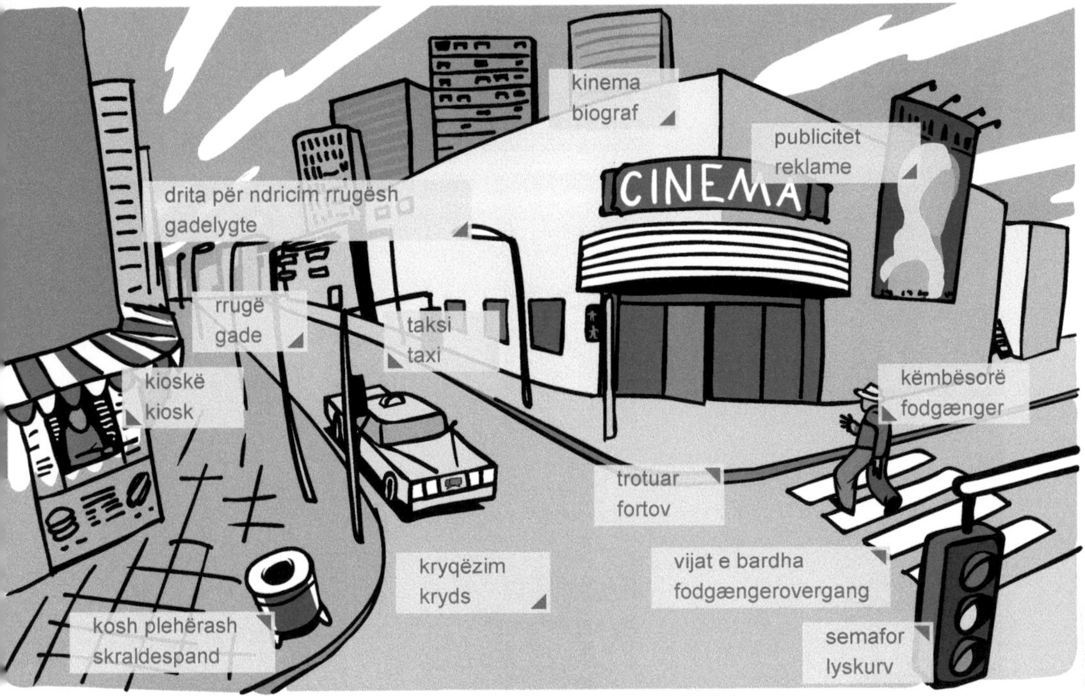
kinema
biograf
publicitet
reklame
drita për ndricim rrugësh
gadelygte
CINEMA
rrugë
gade
taksi
taxi
kioskë
kiosk
këmbësorë
fodgænger
trotuar
fortov
kryqëzim
kryds
vijat e bardha
fodgængerovergang
kosh plehërash
skraldespand
semafor
lyskurv

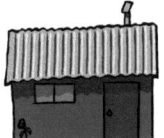

kasolle
hytte

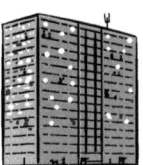

apartament
lejlighed

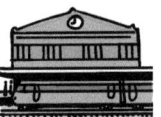

stacion treni
banegård

bashki
rådhus

MUSEUM

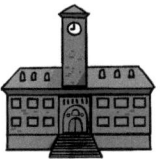

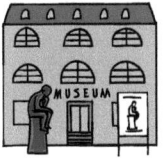

muze
museum

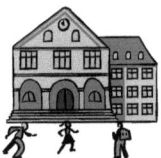

shkolla
skole

universitet
universitet

bankë
bank

spital
sygehus

hotel
hotel

farmaci
apotek

zyrë
kontor

librari
boghandel

dyqan
butik

dyqan lulesh
blomsterbutik

supermarket
supermarked

market
marked

mapo
stormagasin

dyqan peshku
fiskehandler

qëndër tregtare
butikscenter

port
havn

park
park

stol
bænk

urë
bro

shkallë
trappe

metro
undergrundsbane

tunel
tunnel

stacion autobuzi
busstoppested

bar
barnevogn

restorant
restaurant

kuti postare
postkasse

sinjalistikë rrugore
vejskilt

kohëmatës parkimi
parkometer

kopsht zoologjik
zoo

pishinë
badeanstalt

xhami
moske

fermë
bondegård

ndotje
miljøforurening

varrezë
kirkegård

kishë
kirke

shesh lojërash
legeplads

tempull
tempel

peisazh
landskab

gjethe
blad

tabela orientuese
vejviser

rrugë
vej

livadh
eng

gurë
sten

pemë
træ

ekskursionist
vandrer

lumë
flod

bar
græs

lule
blomst

luginë
dal

kodër
bjerg

liqen
sø

pyll
skov

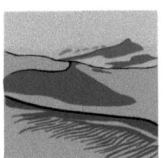

shkretëtirë
ørken

vullkan
vulkan

kështjellë
slot

ylber
regnbue

kepudhë
svamp

palmë
palme

mushkonjë
moskito

mizë
flue

milingonë
myre

bletë
bi

merimangë
edderkop

brumbull

bille

bretkosë

frø

ketër

egern

iriq

pindsvin

lepur

hare

buf

ugle

zog

fugl

mjellmë

svane

derr i egër

vildsvin

dre

hjort

dre brilopatë

elg

digë

dæmning

turbinë ere

vindmølle

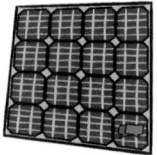

panel diellor

solcellemodul

klimë

klima

restorant

restaurant

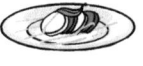

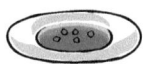

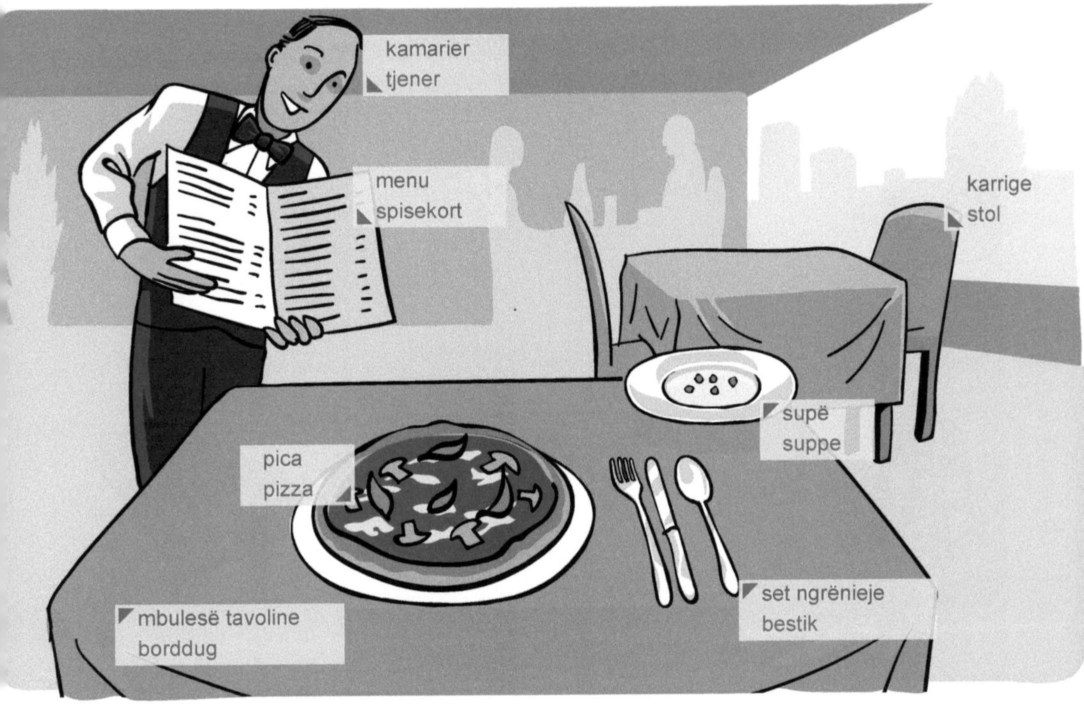
kamarier
tjener
menu
spisekort
karrige
stol
supë
suppe
pica
pizza
mbulesë tavoline
borddug
set ngrënieje
bestik

pjatë e parë

forret

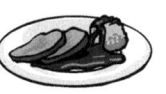

pjatë kryesore

hovedret

ëmbëlsirë

dessert

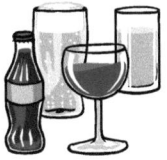

pije

drikkevarer

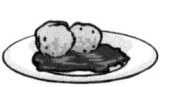

ushqim

mad

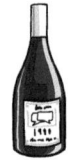

shishe

flaske

ushqim i shpejtë
fastfood

ushqim i shërbyer në rrugë
streetfood

ibrik çaji
tekande

kuti sheqeri
sukkerdåse

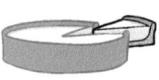

racion
portion

makinë kafeje ekspres
espressomaskine

karrige e lartë
barnestol

faturë
faktura

tabaka
tablet

thika
kniv

pirun
gaffel

lugë
ske

lugë çaji
teske

pecetë
serviet

gotë
glas

restorant - restaurant

pjatë
tallerken

pjatë supe
dyb tallerken

pjatë filxhani
underkop

salcë
sovs

mbajtëse kripe
saltbøsse

mulli piperi
peberkværn

uthull
eddike

vaj
olie

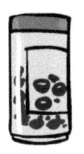

erëza
krydderier

keçap
ketchup

mustardë
sennep

majonezë
mayonnaise

supermarket

supermarked

ofertë speciale
tilbud
FOR
klient
kunde
produkte bulmeti
mælkeprodukter
frut
frugt
karrocë pazari
indkøbsvogn

BUTCHERS

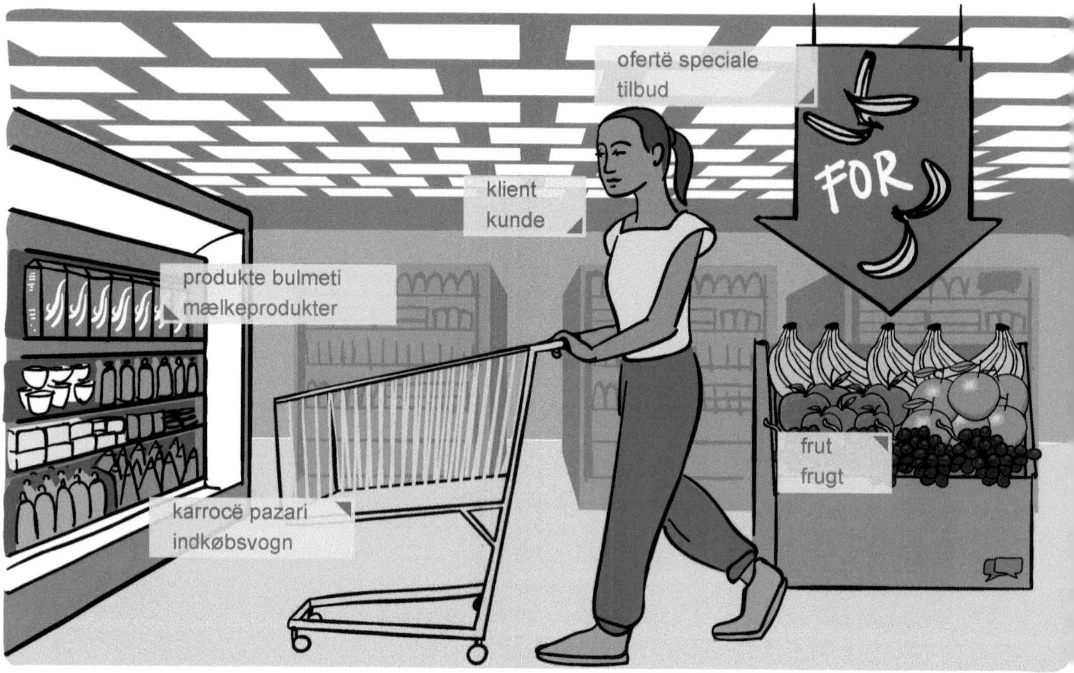

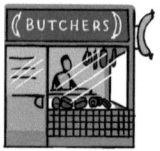

dyqan mishi

slagter

BAKERY

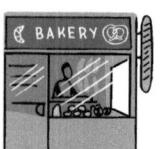

furrë buke

bageri

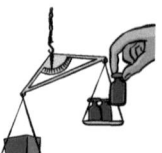

peshoj

veje

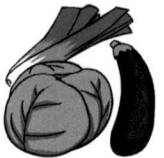

perime

grøntsager

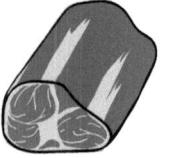

mish

kød

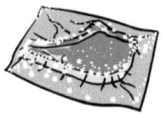

ushqim i ngrirë

frostvarer

copë

pålæg

ushqim i konservuar

konserves

pluhur larës

vaskemiddel

ëmbëlsirat

slik

prodhime shtëpie

husholdningsvarer

produkte pastrimi

rengøringsmidler

shitëse

ekspedient

kasë fiskale

kasse

arkëtar

kasserer

listë blerjeje

indkøbsliste

oraret e punës

åbningstider

portofol

tegnebog

kartë krediti

kreditkort

çantë

taske

qese plastike

plasticpose

ujë

vand

lëng frutash

saft

qumësht

mælk

koka-kola

cola

verë

vin

birrë

øl

alkool

alkohol

kakao

kakao

çaj

te

kafe

kaffe

kafe ekspres

espresso

kapuçino

cappuccino

banane

banan

mollë

æble

portokalle

appelsin

pjepër

melon

limon

citron

karrotë

gulerod

hudhër

hvidløg

bambu

bambus

qepë

løg

kërpudha

svamp

arra

nødder

makarona

nudler

spageti

spaghetti

oriz

ris

sallatë

salat

patate të skuqura

pomfritter

patate të skuqura

stegte kartofler

pica

pizza

hamburger

hamburger

sanduiç

sandwich

shnicel

schnitzel

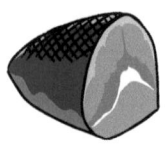

proshutë

skinke

sallam

salami

salçiçe

pølse

pulë

kylling

skuq

steg

peshk

fisk

tërshërë

havregryn

drithëra

mysli

kornfleiks

cornflakes

miell

mel

kruasant

croissant

panine

rundstykke

bukë

brød

tost

toast

biskotë

kiks

gjalp

smør

gjizë

kvark

tortë

kage

vezë

æg

vezë sy

spejlæg

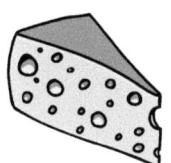

djathë

ost

akullore
is

sheqer
sukker

mjaltë
honning

marmaladë
marmelade

çokokrem
nougat-creme

këri
karry

shtëpi fermë
bondehus

deng bari
halmballer

hangar
skur

fushë
mark

kal
hest

rimorkio
anhænger

kërriç
føl

traktor
traktor

gomar
æsel

dele
får

qengj
lam

dhi
ged

lopë
ko

viç
kalv

derr
svin

derrkuc
gris

dem
tyr

patë
gås

rosë
and

zog pule
kylling

pulë
høne

gjel
hane

mi
rotte

mace
kat

mi
mus

buall
okse

qen
hund

kolibe qeni
hundehus

zorrë vaditëse
haveslange

vaditëse
vandkande

kosë
le

plug
plov

drapër
segl

shat
hakkejern

kosa
møggreb

sëpatë
økse

karrocë
trillebør

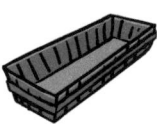

govatë
trug

bidon qumështi
mælkekande

thes
sæk

gardh
hæk

ahur
stald

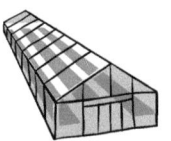

serë
drivhus

dhe
jord

farë
frø

pleh
gødning

autokombanjë
mejetærsker

korr

høste

te korrat

høst

patate e ëmbël "Yam"

yams

grurë

hvede

soja

soja

patate

kartoffel

misër

majs

raps

raps

pemë frutore

frugttræ

zhardhok manioku

maniok

drithëra

korn

shtëpi
hus

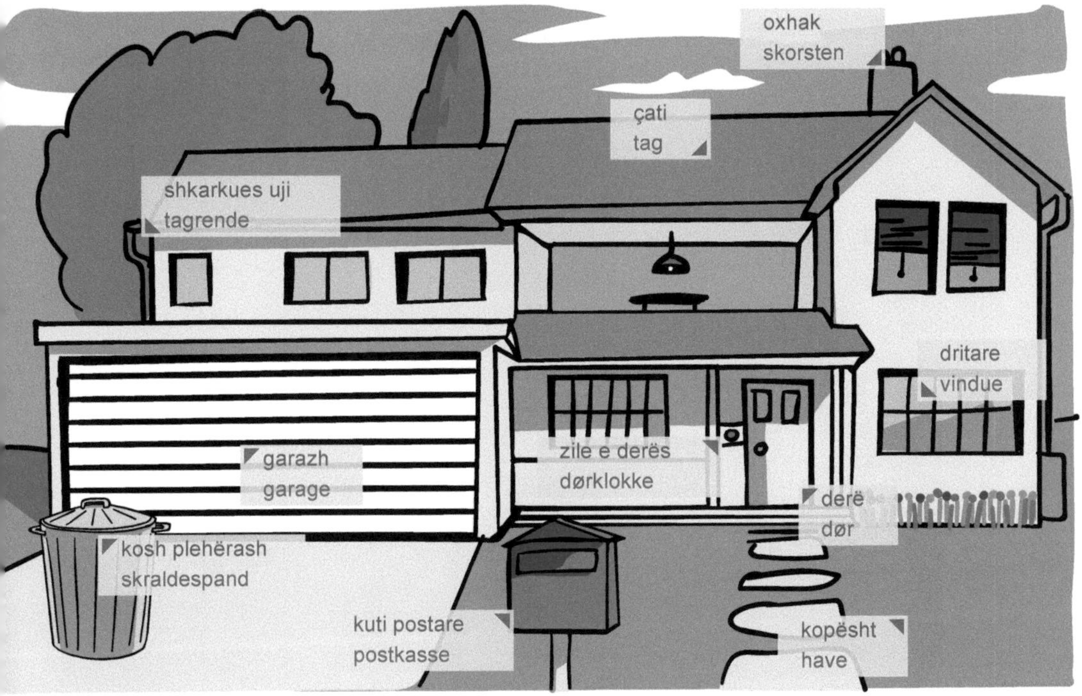
oxhak
skorsten
çati
tag
shkarkues uji
tagrende
dritare
vindue
garazh
garage
zile e derës
dørklokke
derë
dør
kosh plehërash
skraldespand
kuti postare
postkasse
kopësht
have

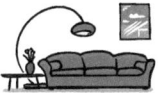

dhomë ndenjeje

stue

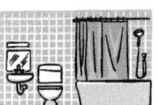

tualet

badeværelse

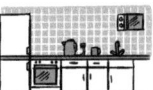

kuzhinë

køkken

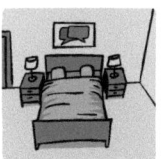

dhomë gjumi

soveværelse

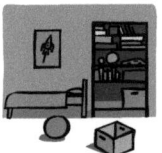

dhomë fëmijësh

børneværelse

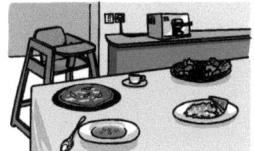

dhomë ngrënieje

spisestue

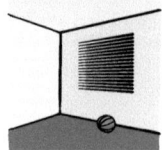

dysheme
gulv

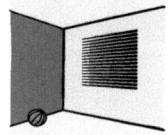

mur
væg

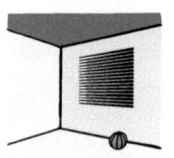

tavan
loft

bodrum
kælder

sauna
sauna

ballkon
altan

tarracë
terrasse

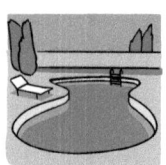

pishinë
svømmehal

kositëse bari
plæneklipper

çarçaf
dynebetræk

kuvertë
dyne

krevat
seng

fshesë dore
kost

kovë
spand

çelës
kontakt

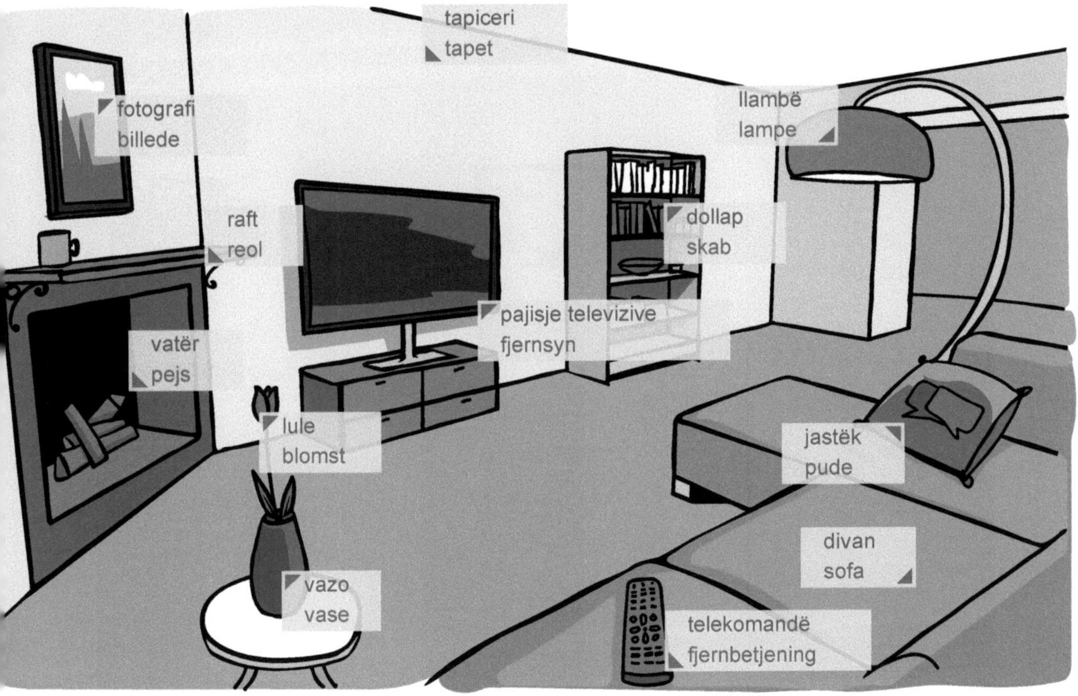

tapiceri
tapet

fotografi
billede

llambë
lampe

raft
reol

dollap
skab

vatër
pejs

pajisje televizive
fjernsyn

lule
blomst

jastëk
pude

divan
sofa

vazo
vase

telekomandë
fjernbetjening

qilim
gulvtæppe

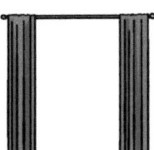

perde
gardin

tavolinë
bord

karrige
stol

karrige lëkundëse
gyngestol

kolltuk
lænestol

libri
bog

batanije
tæppe

zbukurime
dekoration

dru zjarri
brænde

film
film

stereo
stereoanlæg

çelës
nøgle

gazetë
avis

pikturë
maleri

afishe
plakat

radio
radio

bllok shënimesh
notesblok

fshesë me korent
støvsuger

kaktus
kaktus

qiri
lys

kuzhinë
køkken

frigorifer
køleskab
mikrovalë
mikrobølgeovn
peshore kuzhine
køkkenvægt
toster
brødrister
detergjent
rengøringsmiddel
furrë
bageovn
ngrirës
fryserum
kosh plehërash
skraldespand
lavastovilje
opvaskemaskine

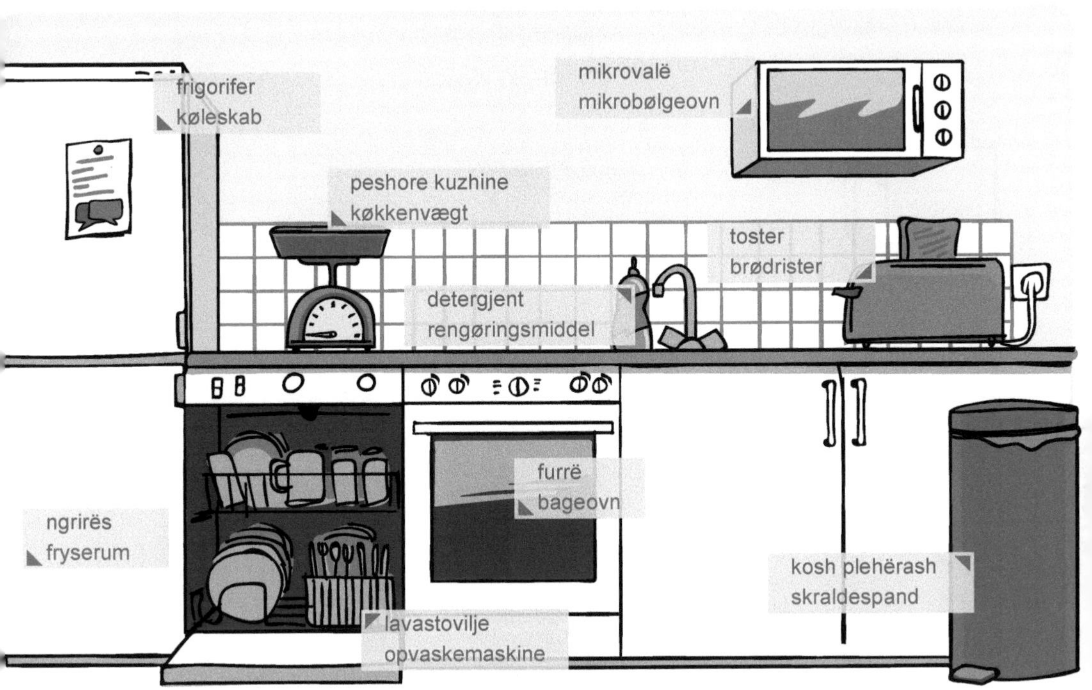

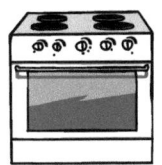

sobë
komfur

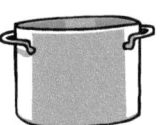

tenxhere
gryde

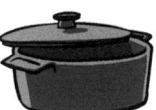

tenxhere me kapak
jerngryde

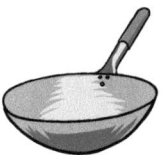

tigan special (Wok)
wok / kadai

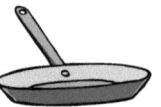

tigan
pande

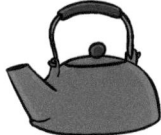

çajnik
elkedel

tenxhere me avull

dampkoger

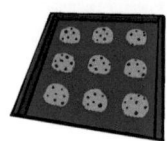

tavë pjekjeje

bageplade

enë

service

filxhan

bæger

tas

skål

shkopinj

spisepinde

garuzhde

øseske

spatul

paletkniv

tel kuzhine

piskeris

kulluese

dørslag

sitë

si

rende

rive

havan

morter

skarë

grille

zjarr

ildsted

dërrasë për prerje

skærebræt

okllai

kagerulle

heqëse tapash

proptrækker

kanaçe

dåse

hapëse kanaçeje

dåseåbner

rrobë për të kapur tenxheren
grydelap

lavaman

køkkenvask

furçë

børste

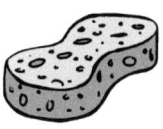

sfungjer

svamp

përzjerës

blender

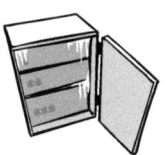

ngrirës

dybfryser

biberon për lëngje

sutteflaske

rubinet

vandhane

kuzhinë - køkken

tualet

badeværelse

ngrohje
radiator

dush
brusebad

peshqirë
håndklæde

perde dushi
bruserforhæng

vaskë me shkumë
skumbad

vaskë
badekar

gotë
glas

lavatriçe
vaskemaskine

pllaka
fliser

rubinet
vandhane

oturak
tissepotte

lavaman
køkkenvask

tualet

toilet

WC e sheshtë

hugsiddende toilet

bide

bidet

tualet publik

pissoir

letër higjienike

toiletpapir

furçe për WC

toiletbørste

furçë dhëmbësh

tandbørste

pastë dhëmbësh

tandpasta

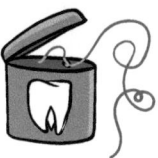

fije dentare

tandtråd

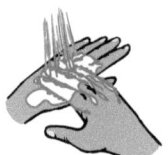

laj

vaske

dorezë dushi

håndbruser

larës për zonën intime

intimbruser

legen

vaskefad

furçë për masazh shpine

badebørste

sapun

sæbe

shampo trupi

brusegele

shampo

shampoo

leckë pastruese

vaskeklud

kullues

afløb

krem

creme

antidjersë

deodorant

pasqyrë

spejl

pasqyrë dore

kosmetikspejl

brisk rroje

barberhøvl

shkumë rroje

barberskum

locion pas rrojes

barbervand

krehër

kam

furçë

børste

tharëse flokësh

hårtørrer

llak për flokët

hårspray

grim

makeup

buzëkuq

læbestift

manikyr

neglelak

mbushje pambuku

vat

gërshërë për thonj

neglesaks

parfum

parfume

çantë për sendet personale

toilettaske

Stol

skammel

peshore

vægt

robëdëshambër

badekåbe

dorashka gome

gummihandsker

tampon

tampon

peceta higjienike

damebind

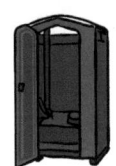

tualet I lëvizshëm

kemisk toilet

dhomë fëmijësh

børneværelse

orë me zile
vækkeur
lodra me pellushë
bamse
makinë lodër
legetøjsbil
rraketake
skralde
shtëpi kukullash
dukkehus
dhuratë
gave

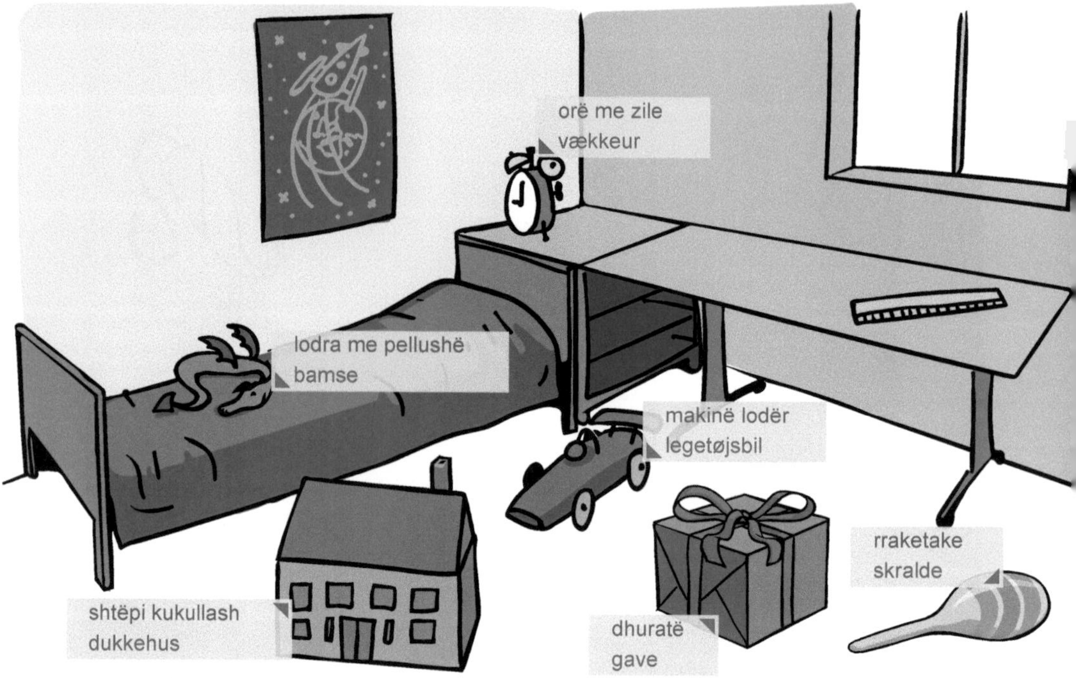

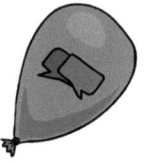

tollumbace

ballon

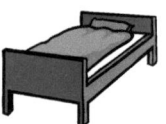

krevat

seng

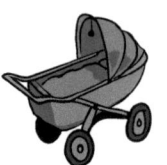

karrocë fëmijësh

barnevogn

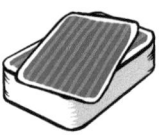

lojë me letra

kortspil

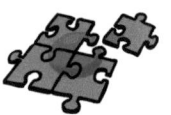

bashkim pjesësh me figura

puslespil

SUPER
MEGA

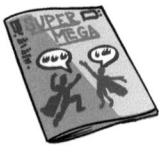

komik

tegneserie

formuese lodër

legoklodser

kuba plastikë

byggeklodser

lodra

action figur

badi

sparkedragt

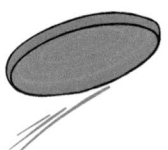

frizbi

frisbee

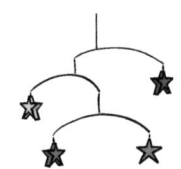

lodra të varura tek krevati i fëmijëve

uro

tavolinë lojërash

brætspil

zare

terning

model treni

modeljernbane

biberon

sut

festë

fest

libër me ilustrime

billedbog

top

bold

kukull

dukke

luaj

lege

grumbull rëre
....
sandkasse

kolovarëse
....
gynge

lodra
....
legetøj

leva për lojra video
....
spillekonsol

triçikël
....
trehjulet cykel

arush prej pellushi
....
bamse

garderobë
....
klædeskab

çorape
....
sokker

çorape të gjata
....
strømper

geta
....
strømpebukser

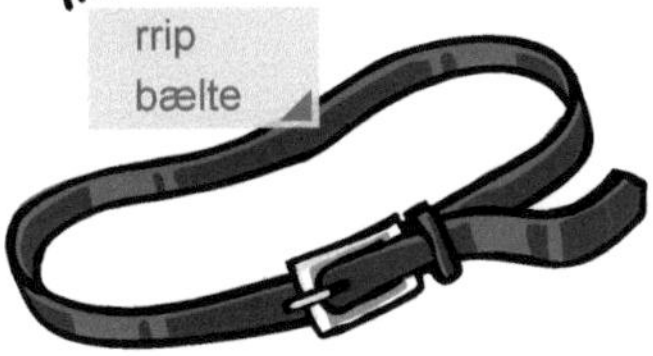

shall
sjal

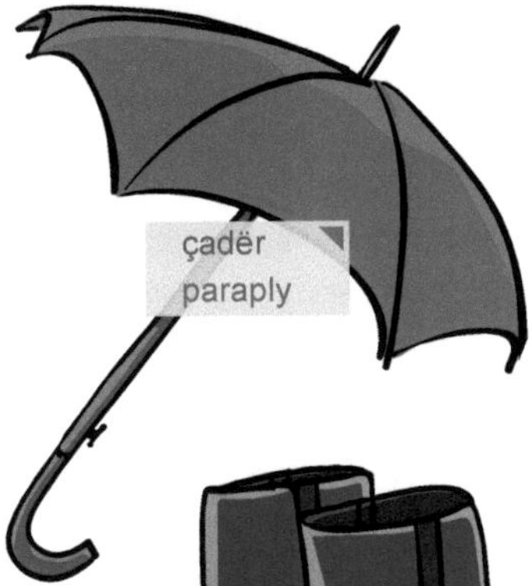

çadër
paraply

rrip
bælte

bluzë pa jakë
T-shirt

çizme
støvler

pantofla
hjemmesko

atlete
sneakers

sandale
sandaler

këpucë
sko

çizme llastiku
gummistøvler

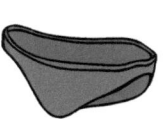

të mbathura
underbukser

reçipeta
BH

kanotierë
undertrøje

trup
body

pantallona
bukser

xhinse
jeans

fund
nederdel

bluzë
bluse

këmishë
skjorte

pulovër
pullover

triko
sweatshirt

xhaketë
blazer

xhaketë
jakke

pallto
frakke

mushama shiu
regnfrakke

kostum
kostume

fustan
kjole

fustan nusërie
brudekjole

kostum

jakkesæt

këmishë nate

nattrøje

pizhama

pyjamas

sari (veshje tradicionale
indiane)

sari

shami koke

hovedtørklæde

çallmë

turban

veshje për femrat e besimit
musliman

burka

kaftan (lloj veshjeje
tradicionale)

kaftan

ferexhe

abaya

kostum banje

badedragt

rroba banje

badebukser

pantallona të shkurtra

korte bukser

tuta sporti

træningsdragt

përparëse

forklæde

dorashka

handsker

veshje - tøj

kopsë

knap

syze

briller

byzylyk

armbånd

gjerdan

kæde

unazë

ring

vath

ørering

kapuç

hue

varëse për pallto

bøjle

kapele

hat

kravatë

slips

zinxhir

lynlås

helmetë

hjelm

tiranda

seler

uniformë shkolle

skoleuniform

uniformë

uniform

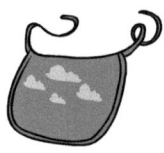

gushore

hagesmæk

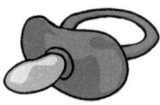

biberon

sut

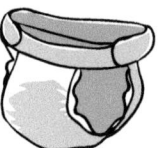

pelenë

ble

zyrë
kontor

server
server
skedar
arkivskab
letër
papir
printer
printer
ekran
skærm
maus
mus
tavolinë
skrivebord
dosje
mappe
tastierë
tastatur
kosh letrash
papirkurv
kompjuter
computer
karrige
stol

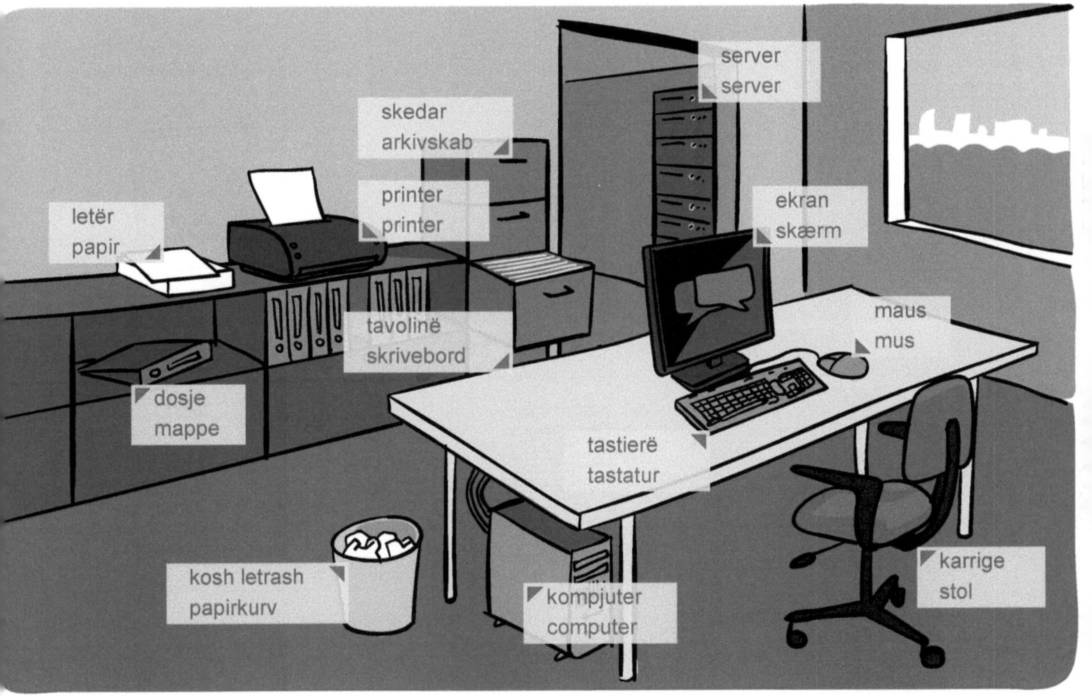

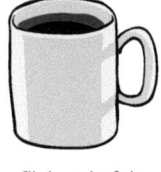

filxhan kafeje

kaffekrus

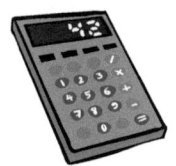

makinë llogaritëse

lommeregner

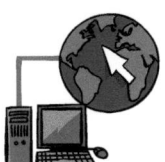

internet

internet

kompjuter portativ
....
bærbar

letër
....
brev

mesazh
....
besked

telefon
....
mobil

rrjet
....
netværk

fotokopje
....
kopimaskine

program
....
software

telefon
....
telefon

prizë
....
stikdåse

pajisje faksi
....
fax

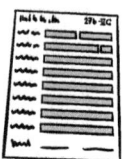

formular
....
formular

dokument
....
dokument

zyrë - kontor

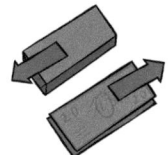

blej

købe

paguaj

betale

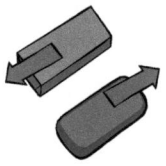

tregtoj

handle

para

penge

 **USD**

dollar

dollar

 **EUR**

euro

euro

 **JPY**

jen

yen

 **RUB**

rubla

rubel

 **CHF**

franga zvicerane

schweizerfranc

 **CNY**

juani kinez

renminbi yuan

 **INR**

rupje

rupee

bankomat

hæveautomat

pikë këmbimi valutor

vekselkontor

ar

guld

argjend

sølv

nafta

olie

energji

energi

çmim

pris

kontratë

kontrakt

taksë

skat

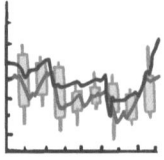

aksione

aktie

punoj

arbejde

punonjës

ansat

punëdhënës

arbejdsgiver

fabrikë

fabrik

dyqan

butik

oficer policie
politimand

zjarrfikës
brandmand

kuzhinier
kok

mjek
læge

pilot
pilot

kopshtar

gartner

marangoz

tømrer

rrobaqepëse

syerske

gjykatës

dommer

kimist

kemiker

aktor

skuespiller

shofer autobuzi

buschauffør

taksist

taxachauffør

peshkatar

fisker

pastruese

rengøringskone

riparues çatish

tagdækker

kamarier

tjener

gjuetar

jæger

piktor

maler

furrxhi

bager

elektriçist

elektriker

ndërtues

bygningsarbejder

inxhinier

ingeniør

kasap

slagter

hidraulik

vvs-mand

postieri

postbud

ushtar
soldat

arkitekt
arkitekt

arkëtar
kasserer

luleshitës
blomsterhandler

berber
frisør

kontrollor
togfører

mekanik
mekaniker

kapiten
kaptajn

dentist
tandlæge

shkencëtar
videnskabsmand

rabin
rabbiner

imam
imam

murg
munk

klerik
præst

mjete
værktøj

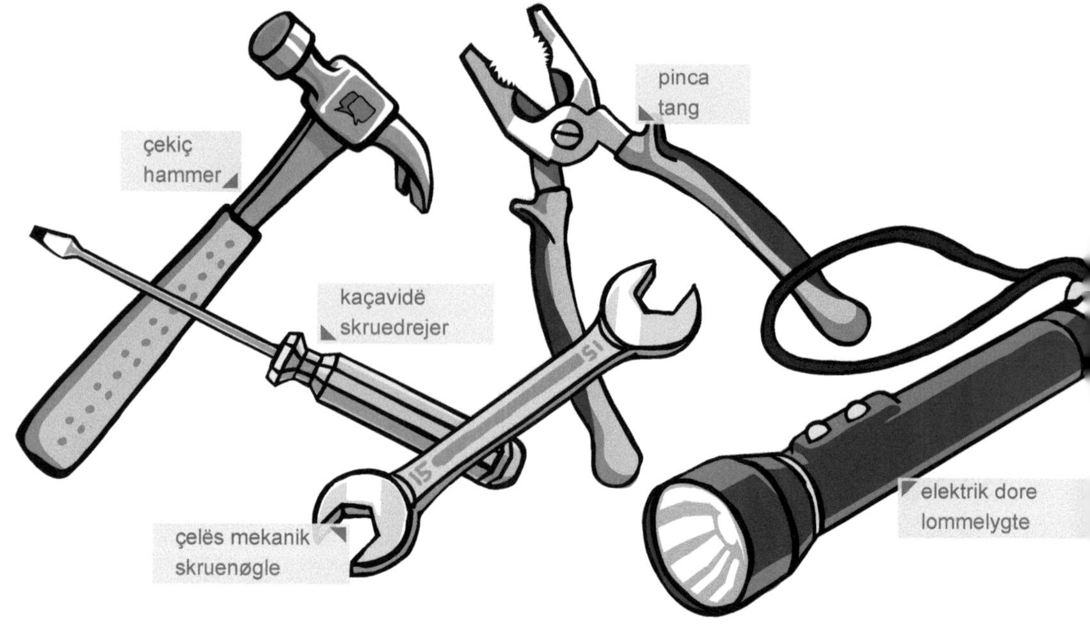

çekiç
hammer
pinca
tang
kaçavidë
skruedrejer
çelës mekanik
skruenøgle
elektrik dore
lommelygte

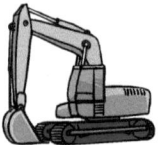

ekskavator

gravemaskine

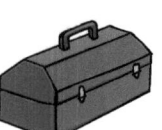

kuti veglash

værktøjskasse

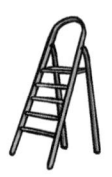

shkallë

stige

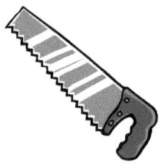

sharrë

sav

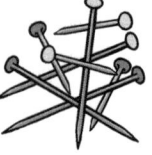

gozhdë

søm

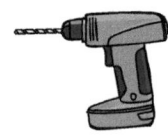

trapan

bor

riparoj
....
reparere

lopatë
....
skovl

Dreq!
....
Lort!

kaci
....
fejebakke

kuti boje
....
malerspand

vidhë
....
skruer

instrumenta muzikorë
musikinstrumenter

altoparlant
højttaler

bateri
trommer

kitare
guitar

kontrabas
kontrabas

trompë
trompet

piano

klaver

violinë

violin

bas

bas

tamburë

pauke

daulle

tromme

tastierë pianoje

keyboard

saksofon

saxofon

flaut

fløjte

mikrofon

mikrofon

kopsht zoologjik

zoo

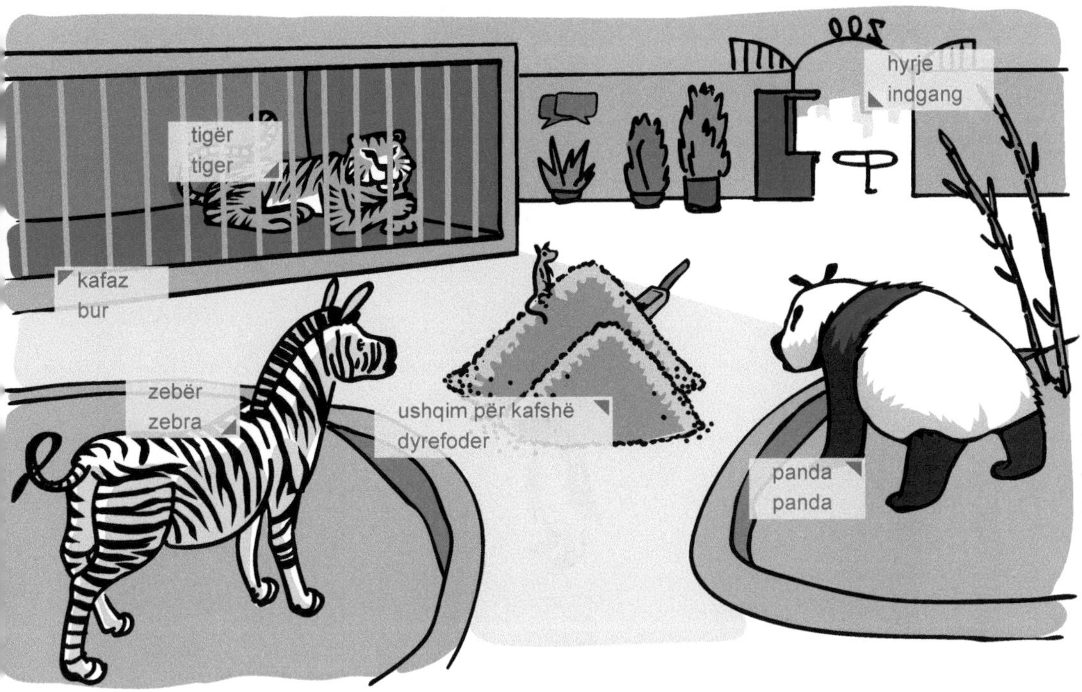

hyrje
indgang
tigër
tiger
kafaz
bur
zebër
zebra
ushqim për kafshë
dyrefoder
panda
panda

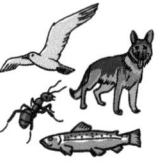

kafshë

dyr

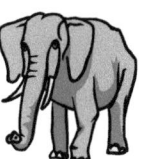

elefant

elefant

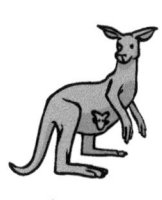

kangur

kænguru

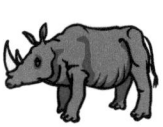

rinoceront

næsehorn

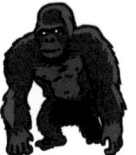

gorillë

gorilla

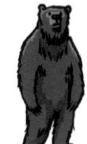

ari

bjørn

deve
kamel

struc
struds

luan
løve

majmun
abe

flamingo
flamingo

papagall
papegøje

ari polar
isbjørn

pinguin
pingvin

peshkaqen
haj

pallua
påfugl

gjarpër
slange

krokodil
krokodille

punonjës i kopshtit zoologjik
dyrepasser

fokë
sæl

xhaguar
jaguar

poni
pony

leopard
leopard

hipopotam
flodhest

gjirafë
giraf

shqiponjë
ørn

derr i egër
vildsvin

peshk
fisk

breshkë
skildpadde

lopë deti
hvalros

dhelpër
ræv

gazelë
gazelle

futboll amerikan
amerikansk football

çiklizëm
cykling

tenis
tennis

basketboll
basketball

not
svømning

boks
boksning

hokej mbi akull
ishockey

futboll	badminton	atletikë
fodbold	badminton	atletik
hendboll	ski	polo
håndbold	skiløb	polo

aktivitet
aktiviteter

qesh
grine
hidhem
springe
përqafoj
give et knus
eci
gå
këndoj
synge
ëndërroj
drømme
lutem
bede
puth
kysse

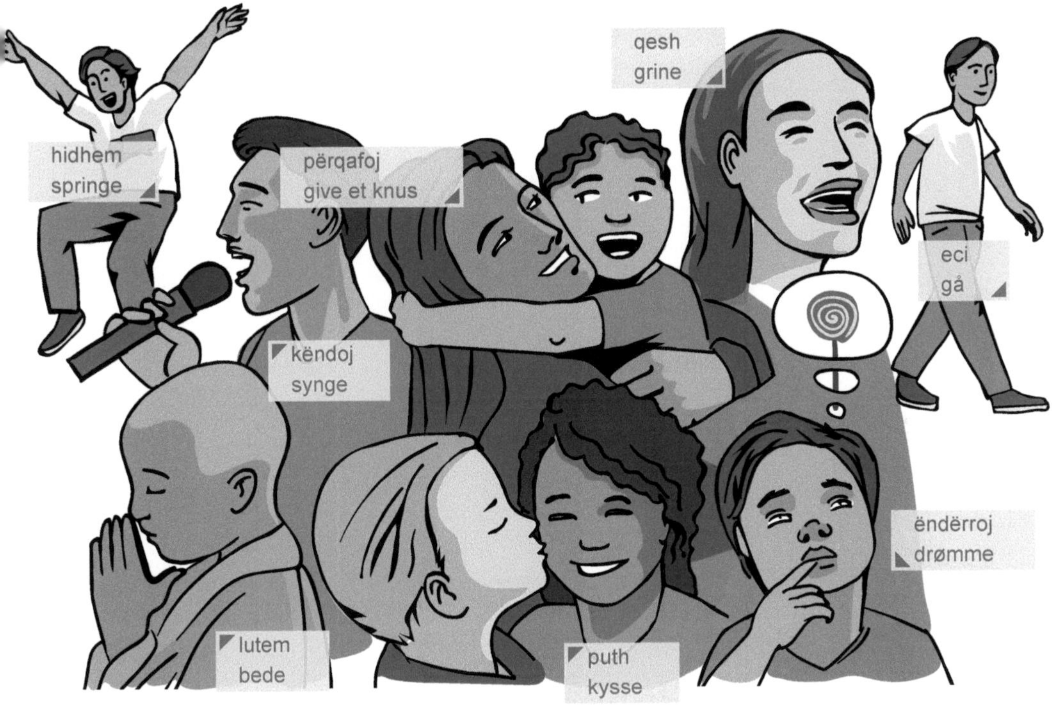

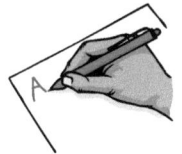

shkruaj
skrive

vizatoj
tegne

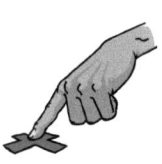

tregoj
vise

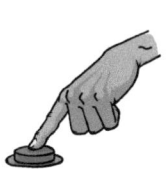

shtyj
skubbe

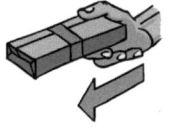

jap
give

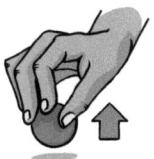

marr
tage

kam
have

bëj
gøre

jam
være

qëndroj
stå

vrapoj
løbe

tërheq
trække

hedh
kaste

bie
falde

shtrihem
ligge

pres
vente

mbaj
bære

ulem
sidde

vishem
tage på

fle
sove

zgjohem
vågne

shikoj

se på

qaj

græde

përkëdhel

ae

kreh

kæmme

bisedoj

tale

kuptoj

forstå

kërkoj

spørge

dëgjoj

høre

pi

drikke

ha

spise

sistemoj

rydde op

dashuroj

elske

gatuaj

koge

drejtoj makinën

køre

fluturoj

flyve

aktivitet - aktiviteter

lundroj
sejle

llogaris
regne

lexoj
læse

mësoj
lære

punoj
arbejde

martohem
gifte sig med

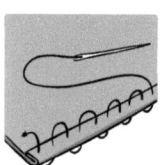

qep
sy

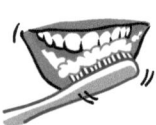

laj dhëmbët
børste tænder

vras
dræbe

tymos
ryge

dërgoj
sende

aktivitet - aktiviteter

familje

familie

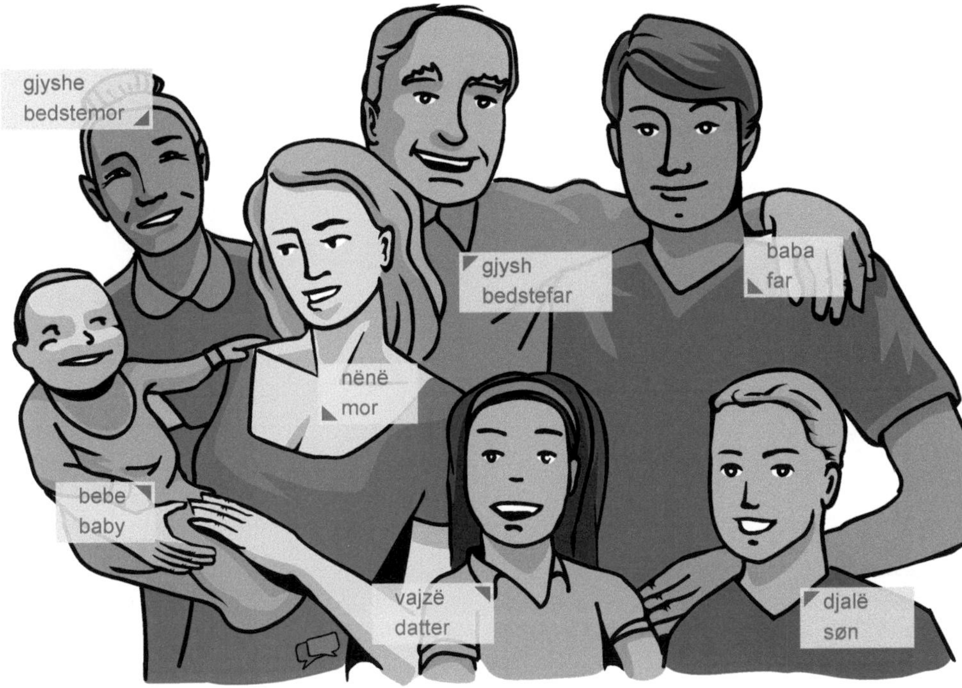
gjyshe
bedstemor
gjysh
bedstefar
baba
far
nënë
mor
bebe
baby
vajzë
datter
djalë
søn

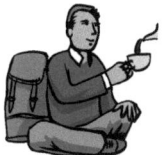

mysafir

gæst

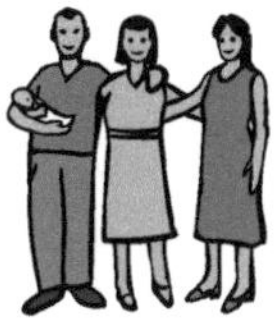

teze, hallë

tante

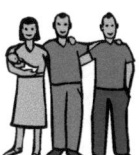

dajë, xhaxha

onkel

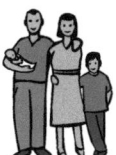

vëlla

bror

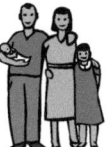

motër

søster

trupi

krop

balli
pande
syri
øje
shpatulla
skulder
gishti
finger
fytyra
ansigt
mjekra
hage
dora
hånd
kraherori
bryst
kemba
ben
krahu
arm

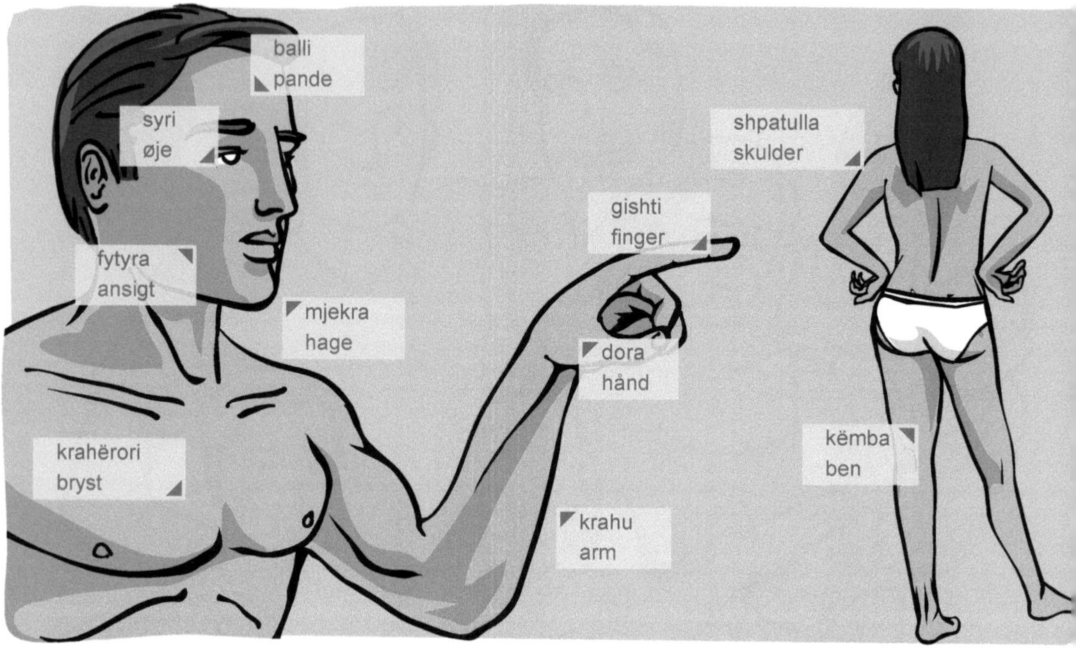

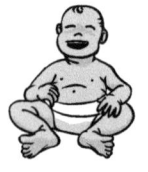

bebe
baby

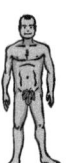

burrë
mand

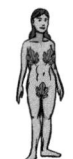

grua
kvinde

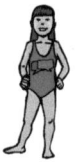

vajzë
pige

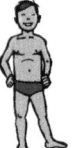

djalë
dreng

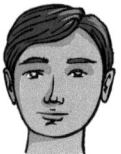

koka
hoved

shpina

ryg

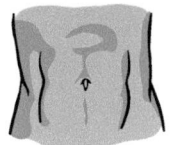

barku

mave

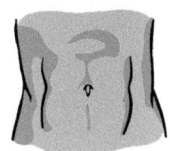

kërthiza

navle

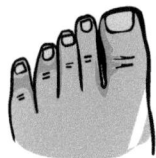

gisht këmbe

tå

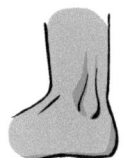

Thembra

hæl

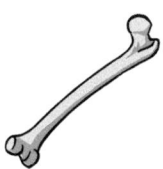

kockë

knogle

legeni

hofte

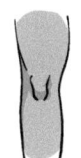

gjuri

knæ

bërryli

albue

hunda

næse

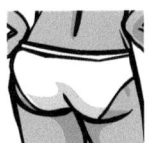

vithe

bagdel

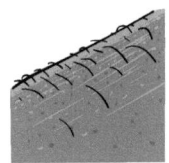

lëkura

hud

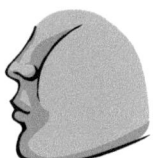

faqja

kind

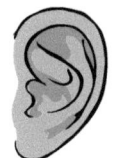

veshi

øre

buza

læbe

trupi - krop

69

goja

mund

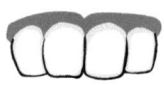

dhëmbët

tand

gjuha

tunge

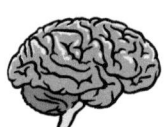

truri

hjerne

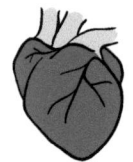

zemra

hjerte

muskul

muskel

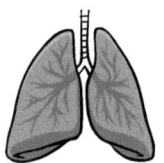

mushkëria

lunge

mëlçia

lever

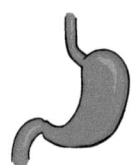

stomaku

mavesæk

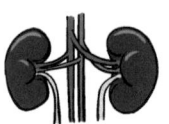

veshka

nyrer

seks

sex

prezervativ

kondom

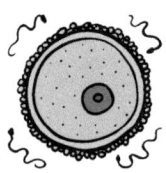

veza

ægcelle

sperma

sperm

shtatëzani

svangerskab

trupi - krop

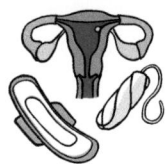

menstruacione
menstruation

vagina
vagina

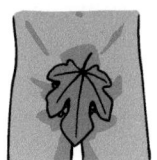

penis
penis

vetulla
øjenbryn

flokët
hår

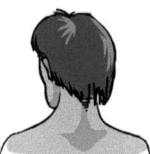

qafa
hals

spital
sygehus

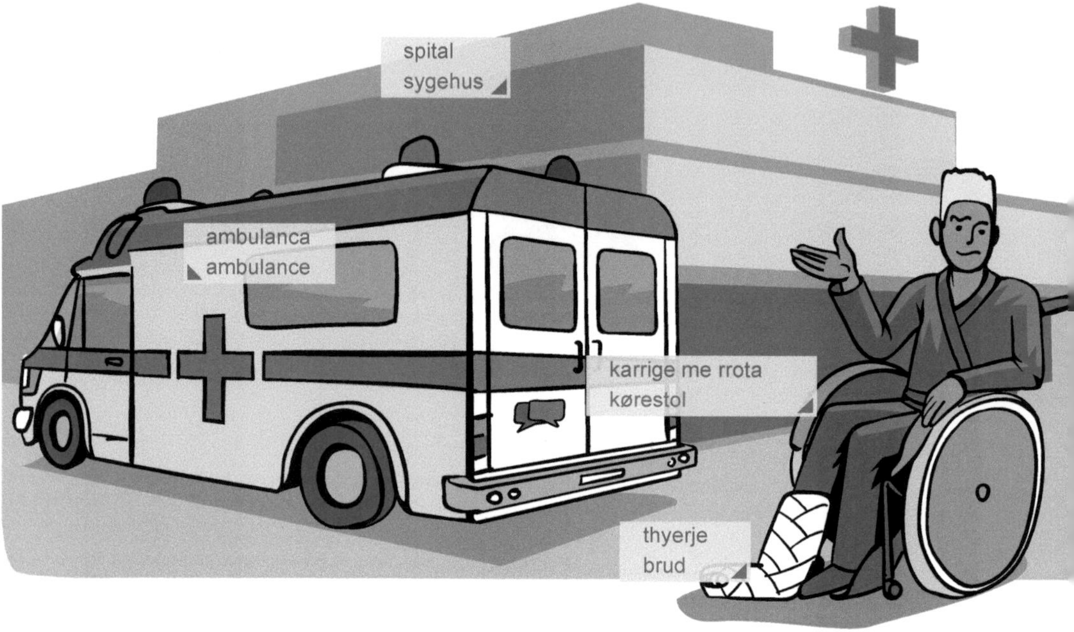

spital
sygehus
ambulanca
ambulance
karrige me rrota
kørestol
thyerje
brud

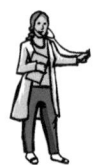

mjek
lægе

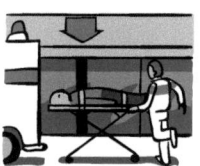

sallë urgjencash
akutmodtagelse

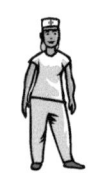

infermiere
sygeplejerske

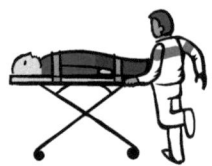

emergjencë
nødstilfælde

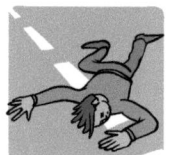

i pandërgjegjshëm
bevidstløs

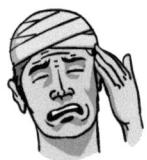

dhimbje
smerte

dëmtim
skade

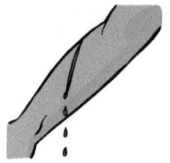

gjakosje
blødning

infarkt
hjerteinfarkt

goditje
slagtilfælde

alergji
allergi

kolla
hoste

ethe
feber

grip
influenza

diarre
diarré

dhimbje koke
hovedpine

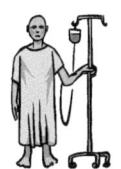

kancer
kræft

diabet
diabetes

kirurg
kirurg

bisturi
skalpel

operacion
operation

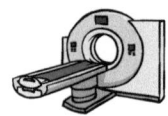

CT (skaner)
CT

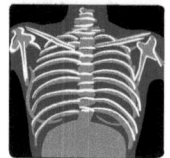

radiografi
røntgen

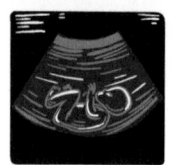

ultratingull
ultralyd

maskë fytyre
maske

sëmundje
sygdom

dhomë pritjeje
venteværelse

paterica
krykke

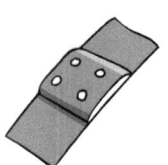

leukoplast
plaster

fasho
forbinding

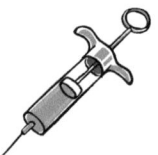

injeksion
injektion

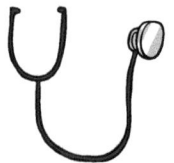

stetoskop
stetoskop

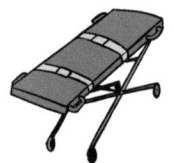

barelë
båre

termometër
termometer

lindje
fødsel

mbipeshë
overvægt

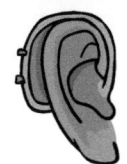

aparat dëgjimi

høreapparat

dezinfektant

desinficerende middel

infeksion

infektion

virus

virus

HIV / AIDS

HIV / AIDS

mjekësi, mjekim

medicin

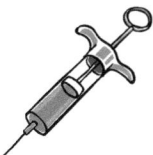

vaksinim

vaccination

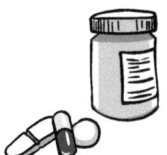

tableta

tabletter

pilulë

pille

telefonatë emergjence

nødopkald

aparat tensioni

blodtryksmåler

i sëmurë / i shëndetshëm

syg / rask

Ndihmë!

Hjælp!

alarm

alarm

sulm

overfald

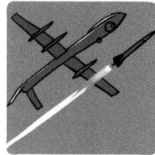

atak

angreb

rrezik

fare

dalje emergjence

nødudgang

Zjarr!

Det brænder!

fikëse zjarri

ildslukker

aksident

uheld

kuti e ndimës së shpejtë

førstehjælps-kuffert

SOS

SOS

policia

politi

Europa

Europa

Amerika e Veriut

Nordamerika

Amerika e Jugut

Sydamerika

Afrika

Afrika

Azia

Asien

Australia

Australien

Atlantiku

Atlanterhavet

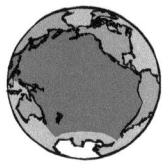

Paqësori

Stillehavet

Oqeani Indian

Indiske Ocean

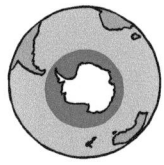

Oqeani Antarktik

Sydlige Ishav

Oqeani Arktik

Ishav

Poli i veriut

Nordpol

Poli i Jugut
Sydpol

Antarktida
Antarktis

toka
Jorden

tokë
land

det
hav

ishull
ø

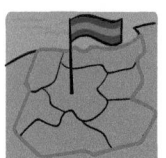

komb
nation

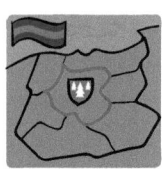

shtet
stat

toka - Jorden

fusha e orës

urskive

akrepi i orës

timeviser

akrepi i minutave

minutviser

akrepi i sekondave

sekundviser

Sa është ora?

Hvad er klokken?

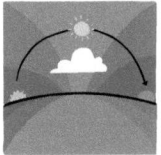

ditë

dag

kohë

tid

tani

nu

orë dixhitale

digitalur

minutë

minut

orë

time

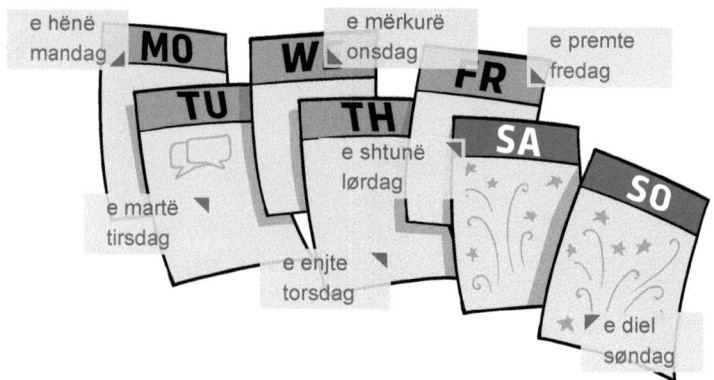

e hënë
mandag
e mërkurë
onsdag
e premte
fredag
e martë
tirsdag
e shtunë
lørdag
e enjte
torsdag
e diel
søndag

dje

i går

sot

i dag

nesër

i morgen

mëngjes

morgen

mesditë

middag

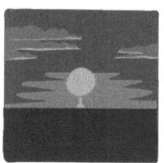

mbrëmje

aften

MO	TU	WE	TH	FR	SA	SU
1	2	3	4	5	6	7
8	9	10	11	12	13	14
15	16	17	18	19	20	21
22	23	24	25	26	27	28
29	30	31	1	2	3	4

ditë pune

arbejdsdage

MO	TU	WE	TH	FR	SA	SU
1	2	3	4	5	6	7
8	9	10	11	12	13	14
15	16	17	18	19	20	21
22	23	24	25	26	27	28
29	30	31	1	2	3	4

fundjavë

weekend

vit
år

shi
regn
ylber
regnbue
erë
vind
borë
sne
pranverë
forår
verë
sommer
vjeshtë
efterår
dimër
vinter

4.APRIL 11°
5.APRIL 4°
6.APRIL 13°
7.APRIL 8°
8.APRIL 10°

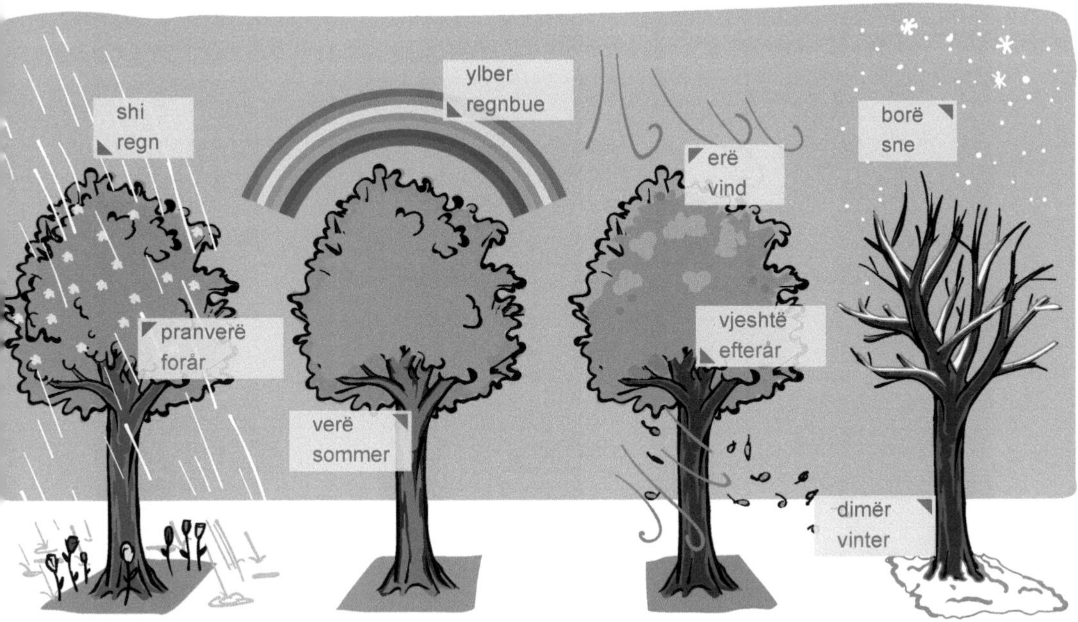

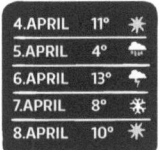

parashikimi i motit

vejrudsigt

F
C
120
90
60
30
0
-30
40
30
20
10
0
-10
-20

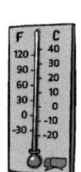

termometër

termometer

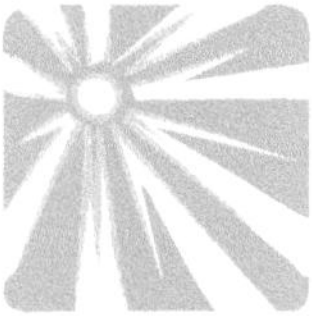

ndriçim dielli

solskin

re

sky

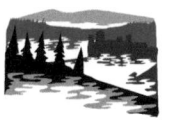

mjegull

tåge

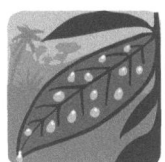

lagështi

luftfugtighed

vetëtima
lyn

gjëmim
torden

stuhi
storm

breshër
hagl

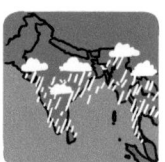

muson
monsun

përmbytje
flod

akull
is

janar
januar

shkurt
februar

mars
marts

prill
april

maj
maj

qershor
juni

korrik
juli

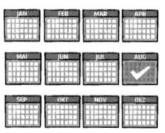

gusht
august

vit - år

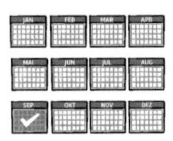

shtator
....
september

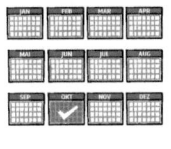

tetor
....
oktober

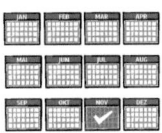

nëntor
....
november

dhjetor
....
december

rreth
....
cirkel

katror
....
kvadrat

drejtkëndësh
....
firkant

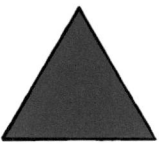

trekëndësh
....
trekant

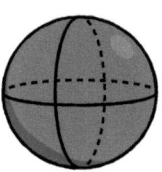

sferë
....
kugle

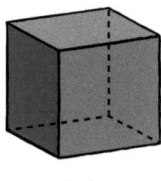

kub
....
terning

e bardhë

hvid

e verdhë

gul

portokalli

orange

rozë

pink

e kuqe

rød

vjollcë

lilla

blu

blå

e gjelbër

grøn

kafe

brun

gri

grå

e zezë

sort

shumë / pak

meget / lidt

i nevrikosur / i qetë

rasende / fredelig

i bukur / i shëmtuar

smuk / grim

fillim / fund

begyndelse / slut

i madh / i vogël

stor / lille

i ndritshëm / i errët

lys / mørk

vëlla / motër

bror / søster

e pastër / e pistë

ren / snavset

e plotë / jo e plotë

fuldkommen / ufuldkommen

ditë / natë

dag / nat

gjallë / vdekur

død / levende

i gjerë / i ngushtë

bred / smal

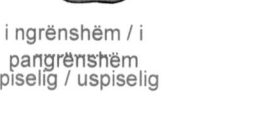

i ngrënshëm / i pangrënshëm
spiselig / uspiselig

i keq / i këndshëm
vred / venlig

i lumtur / i mërzitur
ophidset / kedet

i shëndoshë / i dobët
tyk / tynd

e para / e fundit
først / sidst

mik / armik
ven / fjende

plot / bosh
fuld / tom

e fortë / e butë
hård / blød

e rëndë / e lehtë
tung / let

uri / etje
sult / tørst

i sëmurë / i shëndetshëm
syg / rask

e paligjshme / e ligjshme
illegal / legal

i zgjuar / budalla
intelligent / dum

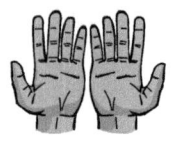

majtas / djathtas
venstre / højre

afër / larg
nær / fjern

e re / e përdorur

ny / brugt

asgjë / diçka

intet / noget

i moshuar / i ri

gammel / ung

ndezur / fikur

tændt / slukket

hapur / mbyllur

åben / lukket

i qetë / i zhurmshëm

stille / højt

i pasur / i varfër

rig / fattig

e drejtë / e gabuar

rigtig / forkert

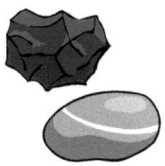

i ashpër / i butë

ru / glat

i mërzitur / i lumtur

ked af det / lykkelig

i shkurtër / i gjatë

kort / lang

ngadalë / shpejt

langsom / hurtig

i lagësht / i thatë

våd / tør

ngrohtë / freskët

varm / kold

luftë / paqe

krig / fred

0	**1**	**2**
zero	një	dy
nul	en	to

3	**4**	**5**
tre	katër	pesë
tre	fire	fem

6	**7**	**8**
gjashtë	shtatë	tetë
seks	syv	otte

9	**10**	**11**
nentë	dhjetë	njëmbëdhjetë
ni	ti	elleve

12	**13**	**14**
dymbëdhjetë	trembëdhjetë	katërmbëdhjetë
tolv	tretten	fjorten

15	**16**	**17**
pesëmbëdhjetë	gjashtëmbëdhjetë	shtatëmbëdhjetë
femten	seksten	sytten

18	**19**	**20**
tetëmbëdhjetë	nentëmbëdhjetë	njëzetë
atten	nitten	tyve

100	**1.000**	**1.000.000**
qind	mijë	milion
hundrede	tusinde	million

anglisht

engelsk

anglishte amerikane

amerikansk engelsk

kinezisht mandarin

kinesisk mandarin

hindi

hindi

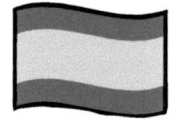

spanjisht

spansk

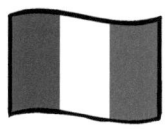

frëngjisht

fransk

arabisht

arabisk

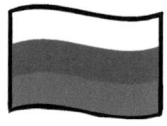

rusisht

russisk

portugalisht

portugisisk

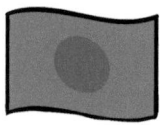

bengalisht

bengalsk

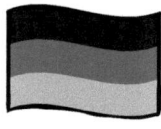

gjermanisht

tysk

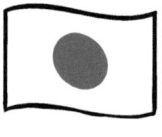

japonisht

japansk

unë

jeg

ti

du

ai / ajo

han / hun / den / det

ne

vi

ju

I

ata

de

kush?

hvem?

çfarë?

hvad?

si?

hvordan?

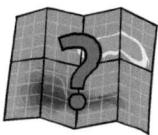

ku?

hvor?

kur?

hvornår?

emër

navn

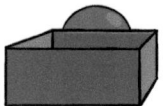

pas

bag

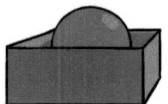

në

i

përballë

foran

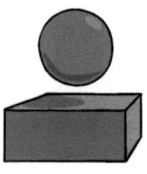

sipër

over

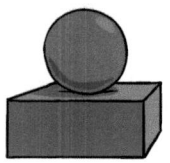

mbi

på

poshtë

under

pranë

ved siden af

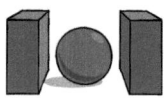

midis

imellem

vend

sted